JN409450

국보현대시선 114

껍데기

조혜순 시집

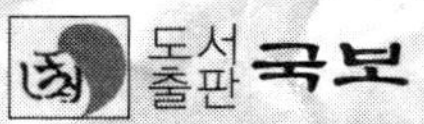

두 번째 시집[껍데기]을 내면서...

2012년의 11월의 바람도 소름이 돋을 만큼 차갑고 하루하루가 다르게 움츠러들게만 한다. 사람은 누구나 가장 원하는 시기에 뭔가를 취하려는 시기가 꼭 있지만, 자신이 원하는 바를 다 가질 수 없는 시기가 있기 마련이다. 서서히 철이 들어감에 따라 내가 소유할 수 있는 것이 한정되어 있다는 것을 알게 되고, 철저하게 주어진 환경 속에서 제약 아닌 제약을 받고 결국은 지배적인 환경에 속해서 터득하며 살아가게 된다. 그렇기에 감히 용기를 내어서 도전이란 걸 하기에는 많은 전쟁과 혈투가 없으면 이루기가 벅찬 일이기에 적당하게 소심해 질 수밖에 없다.

아직 끝나지 않은 자신과의 꿈틀거리는 전쟁 속에서 미칠 듯이 끓어 오르는 그리움으로, 행복에 젖어서 헤어 나올 줄 모르는 꿈 많은 바보같이 항상 미래에 대한 집착에 목이 마르다. 그 이념은 지울 수 없는 얼룩 같은 존재감으로 지우려고 해도 지울 수가 없어서 심장이 기억하고 통곡하고 있는 이 바보는 마셔도 마셔도 줄지 않는 샘 같이 타는 듯한 이 갈증은, 같은 시간에서 빗물이 타고 흘러내려도 씻겨 내려가지 않는 그 미치광이 광기로 이미 길고 길었던 터널 속의 갈등으로 응어리져서 빛바랜 반복적인 그리움으로 깊숙이 자리해서 그 기다림의 연속으로 평생을 기회만 엿보는 그런 심정으로 죽을 각오를 다지며 이를 악물고 그 시기를 기다리며 현재를 읽어가고 있다.

다만, 오늘도 내일도 조금이라도 그 실낱같은 희망을 버리지 않고 실패와 희망을 반복하면서 여전히 짧게 느껴지는 안타까운 시간이지만, 이 지겨운 모든 것이 기다림의 시작이고 기다림의 연속이라는 그 명제를 기억하면 할수록 그 갈등의 골은 더욱더 깊어지게 마련. 그렇게 아픈 시간을 다독여 가며 시행착오로 말미암은 누더기 같은 숨은 성장을 여러 해를 거듭하면서 다독여 오는 반복적인 그리움으로 짙은 향수가 생겨버릴 것만 같으니. 이젠 더욱 선명 해 지는 미래를 잡기 위한 발판으로 현재를 후들거리는 두 발로 힘겹게 지탱하고 앞으로 나아가려고 발걸음 중이다. 어제 같은 오늘이 오늘 같은 내일이 언제까지나 반복적으로 내게 다가왔다가 사라지는 환영이 계속될지는 모르겠지만, 숨이 붙어 있는 그 시간까지 뼈 아픈 희망고문을 계속 받으며 계속 질문을 던져야 할 것이다.

여전히 눈 감으면 반복적인 시간에 헛구역질이 계속되지만, 메슥거린다고 토하고 뱉어버릴 수 없는 게 현실이기에 주어진 수라상을 환영하고 받아야 할 시간이다. 처음 느꼈던 초심으로 설레는 내일을 거부할 수 없기에 그 진한 느낌이 항상 그랬으면 한다. 자신이 바라는 바람이 미친 그리움으로 물들어 가는 자신의 생활이 행복 해 지기를 바라며 '껍데기' 시집을 출간하며 자신과의 싸움에서 승리를 하기를 바라는 같은 마음이고, 언제나 변함없는 마음이 매일매일 떠나질 않길 바라며 하루하루 행복으로 물들어가는 꿈을 잃지 않는 용기를 가지길 바라는 마음이다. 진정한 자신의 향기를 간직하길 바라며 늦가을의 운치 속으로 웃음을 보내며 껍질이 단단하고 여문 열매가 열리기를 바라는 단단한 껍데기 같은 빈 마음으로 오늘을 향해 웃어 본다.

미건 조혜순

| 1부 | 그림자

| 2부 | 투영

| 3부 | 진정 나를 너는

| 4부 | 숨 쉬는 공간

| 5부 | 유리병 편지

| 작품해설 |

| 1부 |

그림자

컵

해마다 닮아가는 너의 모습을 보면서
언제나 커피 향 속에
머물고 고정된
시선이 있었다

따끈한 커피 향에 젖어드는
옛 추억들이
한둘씩 자음 모음들이
미친 듯이 춤을 추고
내 어깨 위에 무겁도록 자리한
너의 진한 존재를
한참 동안 생각해 내기를
바랬던 거야

하지만
컵 속의 수많은 사연들은

그리움으로 온 세상을
도배하고 있다

오뚝이의 칠전팔기 정신은
조용히 손바닥에서
힘을 실어가는 중이지만

분에 넘치는 생각으로는
온 세상을 다 안을 수도 없고
그렇다고 더더욱
컵에 담지는 못하겠지.

그림자

내 등 뒤엔 항상 네가
미소 지으며
환하게 바라보고 있었지

뜨거워진 뒤통수는
늘 겸연쩍고 부끄러웠지
왜냐하면
넌 내 행동 하나하나에
늘 관심을 보였기에

난
항상 조심스럽고
내 실수에 왠지 모를
조급증이 생겨났거든

너무 많은 관심에
이제는 슬슬 눈치만 보고
행동을 가식적으로 하기
시작한 거야

여전히
차고 넘치는 자리는
심장이 그 몫을 하고 있지만
네 관심에 버금가는
나의 발걸음은
분신과 동행이 있어
즐거울 뿐이지.

꾸어다 논 보릿자루

언제나 밟히고
천덕꾸러기인
하찮은 존재

툭 하면
사건을 만들어
시비를 걸어
오며 가며 발길질한다

쿡쿡 찔러봐도
무덤덤하게
그 자리에서 답이 없다

오늘 해야만 하는
일이 잘 안 풀리고
힘들었다고
구시렁 구시렁

하지만
언제나 꾸어다 놓은 보릿자루는
그 자리를 지키며
내일을 생각한다

아무것도 아닌 것을
트집을 잡아서 괜히
보릿자루에
화풀이를 계속한다.

자신의 보금자리

발을 들여 놓고
서 있을 자리가 없다
서 있는 곳이 메마른 곳이라
촉촉하게 적셔주는 대지의 공간에서
숨을 쉬고 싶지만 숨이 막힌다

메마른 공기가 풀풀 날아 다니는
삭막한 곳에서 숨을 몰아쉬고 있다

팍팍한 이 자리에 여기까지
오게 된 과정이 잘못되었지만
얽히고 꼬여서 거쳐온 과정을
재차 밟게 하기에는 무리다

이미 발을 들여 놓은 이상
설령 이 길이 내가
원하는 정도가 아니더라도

내가 싫은 현재의 이 길을
다른 이 에게도 전과 시키는 일은
추호도 하지 않을 것이다

휴식이 꼭 필요하다고
두 다리를 뻗을 수 있고
맘 편하게 쉴 수 있는
공간에서 안주하는
자신의 자리가 꼭 필요하다

따뜻하게 보듬어 줄 수 있는
푸근한 내 안식처가
현재 꼭 필요하다.

푸른 창공에게

하늘에게 물었다
더없이 높아 보이는
푸름은 숨통이 트이는데
두 발을 딛고 서 있는
내 자리는 일렁이는
파도처럼 꿈틀거린다

세월을 몰고 다니는 운무와
현재를 밟고 있는
시간을 알게 하는 푸름은
내일을 알게 하는 하늘은
바라볼수록 신비롭다

매일 보는 하늘이지만
시시때때로 바뀌며 지나가는
변검술 처럼 흔들리는
무극의 연극을 보고 있다

고개를 들어서
하늘의 흐름을 보면서
내가 원하는 가까운
미래에 살 수 있는
행복한 그림을 맘껏
스케치하고 있었다.

해마다 내가 맞이하는 그날에는 당신의 위대함을 생각합니다

두 손 가득히 담은 사랑
가슴 부푼 꿈들이
내일을 향한 이 시간의
치솟는 용트림

살을 깎는 고통이
달콤한 초콜릿 맛으로
취해가고

기대치 가득 안고
점점 목까지
차오르는 고통을 참는다

세상에서 제일
듣고 싶은 탄생의 소리
입이 타는 고통 속에서도

오직

네 목소리가 듣고 싶어서

최 고조의 고통은

오히려 기쁨으로

온몸이 젖는다

기다렸던 너의

진한 오늘의 감동은

푸근한 젖가슴에

얼굴을 묻고

해 맑게 웃고 있는 네 모습은

어느 꽃보다도

예쁜 향기가

내 품에서 감돌고.

★ 국제웰빙전문가협회 박숙희 교수님의 생일을 축하하며 이 시를 올립니다.

발악

영글어 가는 풍성한 가을의
배부른 향기는
꼭 그만큼의 부푼
기대치로 다가오지만

언제나 짙은 석양은
네게 보내는 간절한 사연을
구구절절하게 나열한다

산허리에 길게 늘어져
수놓고 있는
붉은 그림자는
네게 갈 수조차 없는
엷은 비명을 지르고

못내 아쉬워하는
붉은 눈물을

한없이 토하고
산 끝자락을 길게
붙잡고 만다

하늘은 그리움만 더한
까만 밤을
속히 불러들이려고
기어이 별들을
총총 박아 두기
시작한다.

체념

손끝이 미치도록
떨릴 만큼
네가 그립다

머릿속은 어지러운
다람쥐 쳇바퀴가
쉬지 않고 쓰나미처럼
네가 일렁인다

떠나지 않는 허상은
같이 공존 하려야
할 수 없는
현실의 엇갈림에서
헤어 나올 줄 모르고

언제나
피를 토할 만큼

버거운 삶의 구토는
그리움의 울타리에서
불면증으로 달고 사는데

이 질긴 그리움은
가위로 자를 수도 없고
쉼 없이 심장에서
자라기만 하고

같은 하늘 아래
다른 곳에 있는 너는
여전히
미친 내 심장에서
머물고만 하려 하지만
그것을
인정하지 않으려고
발버둥치고.

비명

혼자만의 숙제는
평생을 걸쳐서
풀어야 하는
문제 은행이라서
부딪쳐야 한다고
내 귀에서 벼락을 친다

문제에 부딪혀서
덫에 걸린 머리는
귀가 멍 해지는
혼란 상태에서
앞을 분간할 수 없는
뿌연 안개에
깊이도 빠져 버렸다

아무리
눈을 껌뻑여도 시야는

시야는 희뿌연 안갯속으로
같은 곳에 갇혀서
몇 해를 거듭하며
헤매고만 있다

숨이 막혀서
머리가 터질 것만 같아서
심장이
비참하게 울부 짖는다.

지우개

지치지도 않는
삶의 이야기들은
불쑥 불거져 나왔다 가는
흔적만 남기고
흐지부지 연기 사라지듯이
홀연히 사라지고

붙잡지 못하는 사연들이
시도 때도 없이
내 몸속에서 나와서는
춤을 요란하게
추기 시작한다

마음 깊숙한 곳에
수많은 생채기들을
그려놓은 채
아물지도 못하는 종이는
파랗게 질리기 시작한다

단두대 위에 올려진
증거와 결말의 최후로
아무리 발버둥 쳐 봐도
손바닥에 있는 손금들은
나이테처럼 나이를 먹고
세월을
속일 수는 없을 텐데

세월을 지우려고
부지런히
밝아지는 연습을
단 하루도 쉬지 않고
오늘을 낙서한다

사실은
일목요연하게 나열한
세상의 숯 검댕이 같은
논문을 정말 길게도
칠해 놓았지

지우려고
아등바등 거리는 순간에
정작 중심을 잃는
팽이처럼
주저앉고 마는
반쪽이 싫어서
슬그머니 눈치를 본다

투명한 유리처럼
들여다볼 수 있는
구슬을 가지기 위한
노력으로 살아가는
부지런함을 배우려 한다

지금 이 순간에
미소를 머금은 활자는
희망을 불어넣는
지우개에게
자꾸만 말을 걸고 있다.

| 2부 |

투영

투영

언제나 반대편에서
보고 있는 세상은
환상적으로 내게 다가왔지

늘 소스라치게 놀라게 하는
섬뜩한 섬광을
내게 선물했지

반대편 스크린에 놓여 있는
어스름한 빛은
도저히 분간할 수 없는
시선이기도 했지

모든 것을 숨기지 않고
모조리 토해 내어 보았지만
손바닥에서 뿌려지는 건
오직 거꾸로 서 있는
시꺼먼 주검들뿐

투명한 창 사이로 보이는 건
오직
철장 사이로 막혀 있는
숨 막히는 세포들로 포화상태

미쳐가는 그림자는
비치는 투명한 시선을
숨기려고 발버둥을 치지만

원뿔에 걸려 있는
원반처럼 아슬아슬한
곡예를 하는 건
오직 자신의 주검들.

이성이 아닌 그림자

첫해를 맞이하는 그 미쳐버린 떨림과
네게 빠져 있는 그 느낌은
주체를 할 수 없을 만큼 힘들었다

그다음 해에도
여전히 오직 나에게로 만 향하는
문이라고 생각하며 뛸 듯이 기뻐했었다

그다음 해에도 물론
나에게로 향하는 변함없는 생각으로
한결같은 마음이 변하지 않고

내게 물들은 심장이 지칠 줄을 모르는
혈기로 붉게 물들어
멍청하게 거친 숨을 몰아쉬고만 있었지

하지만
점점 그 검은 속셈은 수많은 사연으로
얽히고설키는 가운데
서서히 정체가 드러나기 시작했지

결국
내게 향했던 건 온전한 마음이 아닌
물질적인 욕구를 채우기로 바빴고
사악하고 욕심의 끝이 보이지 않는
괴물이 자리했다는 사실이
점점 드러나기 시작했지

몇 해를 지나온 후에
비로소 그 검은 그림자가 말하고 있는 사실을
나는 결국 깨닫게 되었지

다른 괴물들이 이용한 만큼 득을 보려고
껍데기뿐인 네 마음이
진실한 친구인양 잘도 가지고 놀더군.

주먹

온몸은 이제 만신창이
피를 부르는 창과 칼과 방패는 가식일 뿐
내게는 철갑이 걸치레 일 뿐
전혀 어울리지 않는 옷일 뿐이지

평범한 인간이 누려야 하는
인격적인 대접을 받지 못하고 사는 게
일상의 테두리가 되었고
온몸은 피투성이와 시꺼먼 멍투성이의
현재가 그저 일상의 평범한 옷일 뿐

따뜻한 배려와 용기와 사랑의 옷은
유년시절에 입고 있었던
값지고 행복한 꿈의 고귀한 옷은
이미 퇴색되고 날조되고 없었다

아니
감히 상상조차 할 수 없는 상태로
사막에 이른지 이미 오래전 세월 속에
묻혀서 밟혀 왔다

그저
현재는 오직
피범벅으로 난도질당한 옷이
더 편할 뿐이다.

반나절의 꿈이 아니길

온전한 정신 상태가
되기까지는
하루가 걸린다

아무 말을 할 수 가없구나
정신없이 다가오는
생활의 반경들

익숙해 지지 않으면
절대
즐길 수 가 없는
내 사전의 게임

현재 즐겨야만
헤쳐 나갈 수 있는 열쇠를
내 손에 꼭

움켜 쥘 수가 있는 걸

제발하고

대답 좀 해 주라

숨 좀 트이게 말이야.

마음

하나의 밝은 등이 켜지게 되면
점차적으로 한둘 씩
늘어나는 세간살이의
살림처럼 풍성한 맘이
환하게 켜지게 마련이다

조롱박이 주렁주렁
기와 담장을 넘어 타고서
아슬아슬한 곡예를 펼치며
공연을 하듯이 말이다

자신이 보고 있는
맘에 따라 그 정도의
차이가 결정되며 닫혀 있는 문이
서서히 열리기 시작했다

터질듯한 붉은 입술은
갇혀있던 사연들로
줄줄이 사탕으로
투명한 예술을 엮어 놓고
빛을 내기 시작한다

검 붉은 피는 심장의 박동 수만큼
힘차고 혈기 넘치는 소년처럼
펌프질은 반복하고 있는데

무화과 열매 같은 달콤함은
내일의 이야기를 담는
붉은 심장의 노래이고
아직도 자신이 살아서
움직인다는 증거이겠지.

잔

채우면 채울수록 마음의 기울기를
반복하는 저울이 춤을 춘다
거짓이든 진실이든지 아니든 간에
그 시간에 충실했던 마음은
충분한 잔을 채우고도 남음이 있다

언제나 혀는 네게 반복하지
정말이지 이행하지 않을 일을
말로서만 구차하게
늘어 놓기 시작하지

언제나 그랬지 맘에도 없는
거짓부렁만 그럴싸하게
내뱉곤 하며 현혹되게 만들었지

언제나 너의 혀는
달콤하게 내게 해 줄 것 같이

그 시간에서만 속삭이고 열정을
토하기만 했지

돌아서면 없어지는
바닷물에 실려 사라지기만 하는
신기루 같은 모래성이었지

언제나 네게 현혹되고
바보같이 그럴 거라 착각하며
꿈을 깨지 못하는
환청에 매료되어 사는
환각장애인이었지

이젠
네가 부어주는 잔은 신기루 같아서
보였다가 눈 비비면 사라지는
환청 같은 잔이라서
무척 두렵구나
평생을 곁에서 있겠다던
진정한 친구고 동반자가 맞는 거니.

생각의 차이

시간적인 교차와
격차의 간격이
엄청나게 벌어져 있다
동행하기란 너무 벅차다
어쩌면 너는
그렇게 쉬운 약속을
혼자서
그럴싸하게 하고 있는 거니

경청하고 있는 나는
정말 바보같이
그것을 사실이라 믿고 있는
허수아비였구나
순수하게 다가가는
맘을 다치지 않게
내 마음에
귀를 열어 주면 안 되겠니

여전히
내 입장은 무시한 채
나를 기억하지 않으려고 하는구나
평범한 베게라고 만 생각하고
머리를 쉬게 하는
위치로 살게 하더구나

얼마나 안타까운 일인지
넌 아마 모를 꺼야
자꾸 밀어내려 하고 있는 너는
내 눈물조차 보려고 하지 않고
시선을 피하려고만 하다니.

가시

원심의 축을 잡고 있는 말뚝은
굳이 말을 하지 않는다
소스라치게 놀라서
이미 깨고 난 후에야
흐트러진 정신이 퍼뜩 들 뿐이었다

자신의 위치가 어디쯤 걸쳐져 있을까
의문의 물음표가 그려지고
열 한 시 방향
열 두 시 방향
두 시 방향
심지어는 네 시 방향
쉼 없는 찰나의 화살들이

보이지 않는 방향의 수로
무수히 나열되고
귀 정한 방향 데로의

갈림 길의 귀로에서
쉼 없는 갈등은

자신의 무덤으로
사로잡히게 만드는
무쇠로 단련된 주먹이
단단하게 포장을 한다

세심하게 가리키는
무수한 바늘의
부지런한 규칙들로
결과의 성적은
거침없이 나타나게 되고

그 마침표를 찍는 점들의
위치에 따라 움직이는
고통의 깊이만큼
깨달음의 정도도
해박 해 지기 시작했다

모든 것이
제자리에 있기까지에는
수 많은 시간의 곡예를 한 후에
오아시스의 환희를
깨닫고야 마는 것을.

| 3부 |

진정 나를 너는

진정 나를 너는

나를 조금이라도
생각하고 있다면
날 조금이라도 잠시만
바라봐 줄 수 있겠니

간절하고 애타게
널 기다려 왔던
길고 길었던 지난 시간을
조금이라도 네가
이해를 한다면 말이야

이렇게 비참하게 날
내 버려두진 않겠지
어쩜 이렇게도 내 맘을
진정 모르는 척하는 거니

아님 모른 체 하고
연극을 하는 거니
거리를 두는 맘의 문을
내겐 좀 열어 두면 안 되겠니

심장이 미친 듯이
널 향해 울부짖고
하염없이 떨고만 있구나

그런데
너는 한 치의 오차와 미동도 없이
돌하르방 처럼 온 종일 웃고
서 있기만 하고
내 맘을 흔들고만 있는 거니

지난 수년간 네게 쏟은 정열과
깊은 내 마음은 무슨 색으로 든
그림으로 스케치하든
물감으로 색을
입히는 방법으로든
표현을 할 수조차 없는데

눈물을 흘리게 하는
감동적인 글로서
널
도저히 형용할
방법이 진정 없구나

어떻게 하면 네가
날 평생 바라보며
살게 할 수가 있는 거니
도저히 열쇠가 없는 거냐고

너만 생각하면
심장은 미친 듯이
흰 거품을 물고만 있는 걸.

마라톤

언제가 너와 나는
경주 아닌 경주를
하기로 했었지
누가 먼저
고지에 설 수 있는가를

각자에게 주어진 숙제는
자신이 풀기에는 턱없이
부족한 실력이었지만
내 오지랖은
기가 차게도 넓었었다

감히 남의 인생에 콩 나라 팥 나라
이러쿵저러쿵 설교하려 들었지
하지만
자신을 아주 잘 아는 사람은
물론 자신이었다는
그 사실을 아주 잘 알고 숙지는
하고 있었던 거야

여전히
타인의 눈을 의식해서
멸시하는 언행으로
모욕을 내게 주었던 게지
그 시간은 평생 지울 수 없는
고통의 그림자를
달고 살고 있지만

넌
아무것도 모른 채
네 생활의 반경의 고통만
거침없이 구걸하고 때론
토하고 있더구나
정말
구역질 나는 행동으로
미련스럽게도 말이야

항상 이룰 수 없는
상상을 하면서
여전히
새로운 다짐을 하곤 하지

평생을 이룰 수 없는
꿈이 된다고 하더라도
단연코 나는
포기하지 않을 테니 말이야

무심코 했던
너의 그 말 한마디는
내겐
날카로운 비수가 되어
심장에 꽂혔지
그 무서운 공포와 멸시는
무엇과도 바꿀 수 없는
큰 충격이었지

당장 보장할 수 없는
내일이 기다리고 있어도
오늘도 나는
내 인생의 경기장에서
부지런히 스타트만 하고 있는지를
너도 알기는 하는지를.

순풍

푸른 하늘은 지나가는 바람에게
안부를 물었지
오늘은 당신 느낌이 어떠시느냐고

흔쾌히 친구는 응하더라고
장애물이 없어서
차려놓은 밥상은
소화가 아주 잘 되는 진수성찬이라
맘이 너무 편한
식사를 하고 있다고 하더라고

나 참
기가 막힌 답을 하는
그 바람에게 다시
대화를 시도했지

아니
도대체 무슨 반찬을 두고
진수성찬이라고 하는 것이냐고
재차 물었다오

호탕한 바람이 하는 말
김치 하나 딸랑 있는 상이라도
찬물에 말아 먹는 밥은
따뜻한 온정이 묻어나는
당신의 말 한마디가
담긴 상이 바로
최고의 밥상이라오.

웃고 있는 당신은

내일이 있어
오늘이 마냥 행복하다 했지
뭐
좀 손해보면
몸이 다 닳아
없어지는 것 도 아니고 뭔

조금씩 양보하고
입 바른 말
하고 싶은 말
세 번만 생각하고 참고 인내하면
성인군자의 맘이되어
평화가 찾아드는
행복한 깃털마냥
가벼운 맘이 따로 없겠지

너나 할 것 없이
한 치만 양보하고
너그러운 맘을 가진다면
얼마나 행복한 얼굴이 될까
언제나 미소 가득한
당신의 얼굴에선.

분명

하얀 벽이 병풍처럼
접혀 있는 공간으로
점점 빠져들기 시작했다

거듭되는 세월 속에
담기는 사연들이
병풍 속으로
하나둘씩 물들어 가는
화폭들이 쌓이기 시작했다

말을 하고 싶지만
말을 할 수가 없어서
하루하루의 일을
소소하게 기록하고

기억을 더듬으며
자신의 위치를 찾으려고
무던 애썼다

분명 앞으로 일어날
무언가를 생각하며
한 짝 한 짝씩 맞춰가는 퍼즐 같은
그림을 그리며

내 맘의 갈피에 차곡차곡
쌓아 두려 하고 있고
길고도 긴 화폭 속으로
무수히 잔치를 벌이고 있는 걸

한폭한폭 정성 들인
하루를 접어가며
내가 충실한 하루하루의
세상을 부지런히 담고 있고

유별나지 않은
그저 평범한 내용이지만
언제나 끄덕이는 이 시간 만큼은.

너를 보고 있노라면

내 공간의 방에서
깊은 파동을 일으키며
동선의 반경을
온통 사로잡고 있는

공간 예술의 장을 창출케 하고
심오한 에너지를 발산하며
너의 존재 가치를
심어주는 동기 부여가
되게 하는 네 목소리는

시냇물이 흘러가는
소박한 춤사위 같은
작은 감동의 물결을 만들며
잔잔한 음향으로 다가온다

서로 마주한 불빛의
작은 움직임은
작은 마음의 동요로
바람이 일기 시작하고

여러 해 꼭꼭 담아 두었던
가슴속 단어들을
한둘씩 접시에 담아내며
달콤하게 입안에서
착착 감기는 담소는
혀에 닿자마자 녹아 없어진다

입가에 희미한 미소가
박꽃처럼 번져서 활짝 피는 건
너를 볼 수 있다는
그 행복함 때문일 터.

휴식

잔잔한 밤의 거미줄이
온통 네온의 불빛으로
전시를 할 때
이미 꽉 차버린 맘의 등불은
현란한 예술관이 된다

고요한 밤거리를
수놓고 있는 화폭은
잔잔한 감동으로 물결치며
각자의 자리를 찾아서
제자리에 있기를 간절히 바라며

평온한 네온사인의
은은한 불빛을
잠시
바라보고 있는 동안에는
행복한 시간의 책을 만들고 있어서

잠시 찾아오는
꿀맛 같은 느낌이라서

1/2로 구분된 밤과
네온 불빛들의 조화는
그저 작은
휴식의 공간이 되어
시선을
멈출 수 없게 하고 있고.

보이는 건 모두

하얀 종이의 여백은
더없이 좋다
무한한 상상을
맘껏 그릴 수 있어서

네가 바라는 것이든
내가 바라는 것이든
얼마든지 공간 예술이
생겨날 수 있는
공간이 되는 거지

달콤한 컵 케이크와 같이
먹음직스럽게
내놓은 접시의
행복함을 느끼는
그 시간과 같이

입안에서 느끼는
혀의 달콤함과
접시에 놓인
예쁜 컵 케이크는
환상의 화모니가 되고

아름다운 순 백색의
도화지는 만감이 교차하는
일기장이 되고.

의자

후들거리는 다리는
지탱할 수 없는 상태로
다만 버겁기만 한데

똑같은 두 다리로
힘을 주고 버티고 있지만
온몸을 지탱하고
서 있는 두 발은
지구의 무게 중심을
떠받들고 있는 듯하다

22시간을
오늘을 향해 열심히 뛰고
그 남는 시간을
내일을 향해 뛰는
남은 자투리의 황금 같은 시간을
할애하며 쉬는 시간에

빈자리를 찾아서
쉴 수 있는
휴식의 공간이 있음을

행복하게 생각하는
오늘이 있어서
자신의 의자가 있음을
실감하고 있는데.

| 4부 | 숨 쉬는 공간

주먹

온 몸은 이제 만신창이
피를 부르는
창과 칼과 방패는 가식일 뿐
내게는 철갑이 겉치레일 뿐
전혀 어울리지 않는
옷일 뿐이지

평범한 인간이 누려야 하는
인격적인 대접을
받지 못하고 사는게
일상의 테두리가 되었고
온 몸은 피투성이와
시꺼먼 멍 투성이의 현재가
그저 일상의 평범한 옷 일 뿐

따뜻한 배려와
용기와 사랑의 옷은

유년시절에 입고 있었던
값지고 행복한 꿈의
고귀한 옷은 이미 퇴색 되고
날조 되고 없었다

아니
감히 상상 조차 할 수 없는 상태로
사막에 이른지
이미 오래전 세월속에
묻혀서 밟혀 왔다

그저
현재는 오직
피 범벅으로 난도질 당한
옷이 더 편할 뿐이다.

숨 쉬는 공간

오직 정수리와 미간이
뜨거워지는 밝은
스탠드 아래의
숨트이는 공간

평온하게 자리하는 이 시간
오직 자신과 불빛이
공존하는 공기의
흐름을 감지 하고 있다

손 끝에서 말 하고 있는
터치하는 언어로
깊어가는 새벽의 부름에
기막히게 창을 하고
읊조리고 웃고 있지

이젠

검은 그물의 올가미에

갇히지 않을 거라며

찢어지는 가슴을 움켜 쥐고

가느다란 숨을 고르며

오늘 이 시간의

주먹 다짐을 계속 해 본다.

마음

하나의 밝은 등이 켜지게 되면
점차적으로 하나 둘 씩
늘어나는 세간 살이의
살림처럼 풍성한 맘이
환하게 켜지기 마련이다

조롱박이 주렁주렁
기와 담장을 넘어 타고서
아슬아슬한 곡예를 펼치며
공연하듯이 말이다

자신이 보고 있는
맘에 따라
그 정도의 차이가 결정되며
닫혀 있는 문이
서서히
열리기 시작 했다

터질듯한 붉은 입술은
갇혀 있던 사연들을
줄줄이 사탕으로
투명한 예술을 엮어 놓고
빛을 내기 시작 한다

검 붉은 피는
심장의 박동수 만큼
힘차고 혈기 넘치는
소년처럼 펌프질을
반복하고 있는데

무화가 열매 같은
달콤 함은
내일의 이야기를 담는
붉은 심장의 노래이고
아직도 자신이
살아서 움직인다는
증거 이겠지.

잔

팍채우면 채울 수 록
마음의 기울기를
반복하는 저울이 춤을 춘다

거짓이든 진실이든지
아니든지 간에
그 시간에
충실 했던 마음은
충분한 잔을 채우고도
남음이 있다

언제나 혀는 네게 반복하지
정말이지 이행 하지 않을 일을
말로서만 구차하게
늘어놓기 시작하지

언제나 그랬지
맘에도 없는 거짓부렁만
그럴싸하게 내 뱉곤 하며
현혹되게 만들었지

언제나 너의 혀는
달콤하게 내게 해 줄 것 같이
그 시간에서만
속삭이고 열정을
토하기만 했지

돌아서면 없어지는
바닷물에 실려
사라지기만 하는
신기루 같은 모래성 이었지

언제나 네게 현혹되고
바보같이 그럴꺼라 착각하며
꿈을 깨지 못하는
환청에 매료되어 사는
환각 장애인이었지

이젠

네게 부어주는 잔은

신기루 같아서

보였다가 눈 비비면 사라지는

환청 같은 잔이라서

무척 두렵구나

평생을 곁에서 있겠다던

진정한 친구고

동반자가 맞는 거니.

생각의 차이

시간적인 교차와
격차의 간격이
엄청 벌어져 있다
동행하기란 넘 벅차다
어쩌면 너는
그렇게 쉬운 약속을 혼자서
그럴싸하게 하고 있는 거니

경청하고 있는
나는 정말 바보같이
그 것을 사실이라 믿고 있는
허수아비였구나
순수하게 다가가는
맘을 다치지 않게
내 마음에 귀를
열어주면 안되겠니

여전히
내 입장은 무시한 채
나를 기억하지 않으려고 하는구나
평범한 베게라고만
생각하고 머리를 쉬게하는
위치로만 살게 하더구나

얼마나 안타까운
일인지 넌 아마 모를 꺼야
자꾸 밀어내려 하고 있는
너는 내 눈물 조차
보려고 하지 않고
시선을 피하려고 만 하다니.

끝없는 미로가

이제는 숨 좀 쉬게 해 주라
그만 할 때도 되지 않았니
수년간 고통을 주었으면
이제는 숨 통이라도
좀 끊어 놓지그래

하루도 빠짐없이 다가오는
빼곡한 시간의 숙제는
해를 거듭할 수록
배가 되어 복리 이자가 붙어서
배가 부르게 숨 가쁘게
등을 후려치고 휘갈기는 거니

견딜 수 없을거로 생각해서
숨이 턱에 걸릴 정도가 되는
그 순간까지 너는 숨통을
견딜 수 있는 딱 그 고통만큼

내게 가시처럼 깊숙이
망치질을 하고 있는 거니

아주 미천하고 무지한
일개 인간이란 걸
진정 모른단 말이니
그 순간밖에 모르는
속 좁은 미물과 같이
하찮은 존재라
항상 말도 많고
탈도 많아서 시끄럽다고

그 순간을 견디지 못하는
구워지는 오징어나 삼겹살처럼
내 존재의 비명을 지르며
온 몸을 비틀어 댄다고

더우면 덥다고 아우성
추우면 춥다고 호들갑
잠시도 견디지 못해서

병신 육갑 잔치를
혼자서 하고만 있다구

한 치 앞도 몰라서
항상 말도 안 되는
선택을 하거나
머피의 법칙이 존재하듯
하루는
미친 듯이 꼬이고
엉켜서 지랄같은
그림을 잘도 그리잖니

죽을 맛
비참한 맛
서러운 맛
억울한 맛
쥐구멍에라도
들어가고 싶고
숨고 싶은 부끄러운맛
겸연쩍은 맛

치욕스럽고 더러운맛
뭔가에 허덕이고
갈구하게 하는
욕구가 이글거리는 맛

이 놈의 잡것들은
왜 미로의 길에서
떡하고 버티고 서서
혼란스런 길을
만들고 있는 거니

난 천재가 아닌 둔재라고
그래서 필사적으로
노력하지 않으면
살아나갈 수 가 없다고

그러니까
제발 하고 내가 풀 수 있는
머리의 문제를 주면 안 되겠니
진정 나 자신을
과대 평가를 하지 말란 말이다
이 미래의 미로 들아.

정상

거친 피뢰침이
빛을 발 하는 이 시간
터질듯한 전율은
온 지상을 떠받들고 있는
어깨에 힘을 실었다

터질듯한 함성과
머리끝이 주뼛거리는 전율을
신체의 힘줄 하나하나의
깊숙한 심해 속으로
쉼 없이 파고 들고

다짐하던 각오를
다시금 되새기는
하루의 이 시간에서
결정되고 완성되는
움직임의 완성체로
각인되려 한다

다져왔던 시간의 각오로
최선을 다 하는 오늘
내가 품는 이 시간에서
온몸의 활개를 맘껏 펼치며
내가 가진 날개를 펴는
이 귀한 시간에서 보내는
축복의 날을 충실해지려 한다

다만 바라보는 것만이
다가 아니길 바라면서
힘들게 위를 바라보고
걸었던 시간을 회상하며
이제 아래를 바라볼 수 있는
황금의 시간에서
영원히 기억되길 바라면서
이제
오늘 이 시간을
기억하려고 한다
내가 여기에 서 있기까지는.

-제18회 SAVA배 Mr.Ms대회(60kg) 1위 하신 김기웅 선생님께
시상을 축하하며 시상식에서-

내 케이크는

항상 입안에서 감도는
달콤함으로 물드는
행복한 이 시간이 있어서
아주 좋다고

언제나 화폭 속에서
새롭게 나타나는 세상에
눈을 뜨게 되거든

내가 만들어 간다고
게으름인 넌
내 인생에서 좀 빠져 줄래

쉼 없이 쌓아가며
미래를 그리며 화폭 속으로
점점 빠져들게 되는
기쁨을 훔치고

도둑질하지 말란 말이야
구역질 나게시리
현재의 전쟁을 치열하게
벌이게 되거든

죽을 각오를 하고
덤벼드는 게
무척 좋을 것 같아

왜냐하면 말이야
내가 그리는 사전에는
사기꾼이 존재하지 않거든

혹
그런 거라면
발을 들여 놓지 말아야 해
너랑은 친구 하기
죽기보다도 치욕스럽고
거짓은 정말 싫거든

그 사실을 알고도
다들 고개를
좌우로 흔들기만 하더라

자신에 대한 믿음과 확신이
머리 둘레보다 큰 감투로
가능할 것 같으냐

자신에게 맞지 않는
신발은
아예 벗어던져 버려
가식은 절대
좋은 친구가 못되지

장수를 못하고
단명을 한다고
난
무지 오래 살고 싶거든

왜냐하면 달콤한 현재를
계속 먹으며
내 사전을 즐겨야겠거든.

새벽이 열릴 때에는

총총거리는 아주 작은 별빛은
달님의 감미로운
자장가 소리에
잠이 들고 말았습니다

검은 벨벳에 반짝이는 별들로
잔잔하게 수를 놓았던
행복 바이러스는
하루의 일정을 소화하고
웃으며 떠오르려고

희멀그레 밝아 오는
푸른 회색이 감도는
하늘빛은
붉은 햇살로 가득 차게 만들

행복 바이러스를
가득 차게 할 생기를
불어넣을 준비를
하고 있습니다.

| 5부 |

유리병 편지

파수꾼

뭘 그리 골똘히
생각하는 거지
도대체
뭘 포섭하려는 건데

모든 걸 따지다 보면
항상 중요한 순간에
엑기스를
놓치게 되는 거지

아참
뭘 그리 염탐을 하냐고
당신이나 나나

똑같이 두 발로 걷고
두 눈을 뜨고
사물보고
말하는 거 제대로 하고

입으로 먹고
뭐가 틀리나
염탐을 하는 거지
내가 보기엔
똑 같기만 하고만.

어디까지나 진실이란 건 말야

불타는 가슴과
정열 속의 의지는
이글거리는 심장에게
늘 죽도록
고통의 매를 수도 없이
맞고만 있었지

언제나
베일에 가려진 두 얼굴은
가늠하기 벅차게
진로를 헷갈리게 하고

방해 전략으로
늘 그림자 처럼
괴롭히기만 했지

카멜레온처럼
깜쪽같은 의상으로
주변의 환경을 모조리 다
흡수해 버린 지
이미 오래전
예전의 일로 되어

불타는 질투심과
사리사욕으로
진하게 물든
새까만 육신들은
정신들이
썩어 나 자빠지기 시작했고

은혜를 모르는
썩어 문드러진 육신은
자신의 과오를
인정하지 않고
마냥
덮어 두려고 만 하거든

거친 비바람과
풍랑을 자주 맞다 보면
그에 맞서는 방법을
자연스레 익히고 배우게 되지

진실이 눈치 채게되는
그 시간이 임박하면
이미
눈부시게 성장 해 버린

완성도가 높은
그 시간을 부러워 하며
소유 하려는 그 진실을
깨닫는 뇌리를 스치는
그 순간에

피를 토하는 아픔으로
진실의 힘을 받아 들이게 될
정상에 서 있는
악바리를
꼭 보게 될 테니까

피 비린내와 구역질 나는
모함으로 철장 속에
갇히게 만드는 인권유린으로
무덤을 파게 만들었지

차갑고 무서운
암흑의 바닥에서
혼자서
쓸쓸히 싸워 가야만 하고

고된 마음의 자습서를
무수히 바라보며
항상 되뇌는 시간을
노력이라는 명제를 가지고
두 단어를
숙제라고 생각하며

늘 반복하며
기운 빠지게 하는 모함은
과도기의 전환점이라고
다짐을 하며

자기 암시를 하루하루
되새기는 일기장으로
누명을 벗는
그 시간으로
회복되기를 바라는
긍정적인 노력으로

오늘 이 시간에도
한 자 한 자 눈에 와 닿는
문구가
쉼 없이 자라기를
자맥질하지 않기를.

셈

당신이 진정 손해라고
생각하시나요
참 미안하고
죄송하게 됐습니다

이런 팔푼이는
나이가 많아서
죄송하게 됐네요

시력도 마이너스
게다가 생긴 외모는
툭 튀어나온 두툼한 입술에

원숭이처럼 납작한 코
말하는 것도 어눌하고
주눅이 든 목소리에

전혀 명랑하지 않은
저음의 목소리에
차가운 듯한
무표정의
화난 듯한 얼굴에
뭔가 부족한 듯 한
백치미가 줄줄 흐르는
하이얀 얼굴

게다가
저음의 볼멘 목소리까지
한 세트라오
뭐 하나 뛰어난 게
없을뿐더러

그렇다고
머리가 좋아서
암기를 잘 한다든가
셈을 잘 한다든가

그저
평범하고 지극히
정상인으로 밥만 축내는
순수한 맘을 가진
인생의 동반자라오

어디 하나 내세울 것이
없는 부족함으로
가득한 열등감으로
뭉쳐 있어서
모자라서 늘상 불만이라오.

유리병 편지

언제쯤 도착할 지 모르는
일기를 맘껏 적어둔다
하루하루 생활의
자투리 일상을 띄엄띄엄
메모를 해 본다

해 보고 싶었던 것
가 보고 싶었던 곳
이루고 싶었던 것
촘촘한 시간에서
갇혀 있었던 24시간에서

아주 가끔은
외부의 시계를 보고
동경해 왔었던
아름다운 풍경들과

아름답게 느껴왔던 감흥을
온몸으로 받아들이며
평범한 일상을
평범하게 누리고 싶었던
소망들을 하얀 백지 위에
빼곡하게 적어둔다

내가 바라고 원하는 길은
분명하게
나타날 거라고 믿는다
길고도 긴 일기를
나중에 누군가의 손에서
분명 읽히리라
굳게 믿으며

돌돌 말리는 편지는
점점 두께가
두꺼워지려 하는데
입을
크게 벌리지 않고 있네

깨알 같은 사연은
빛바래져 버린
누런 종이 속에
새까맣게 박혀 있지만

이제 파랗고 투명한
주둥이의 좁은 병 입구를
통과할 시간에
다른 병에 적을 사연을
따로 제쳐놓고

돌돌 말린 편지가 보이는
예쁘고 투명한 병은
너무나도 아름다운 자태로
내 손에 쥐어져 있고

이제 곧 기나긴 여행을
떠나려 하는 시점에서
부푼 꿈이 펼쳐지려고 하는
행복한 이 시간에서
웃고 있는 이유는.

벽돌

하늘이 이상하게
높게만 보였다
무거운 돌로
차례차례 쌓아 보았다

별로 어렵진 않았지만
아무런 감흥도
생기지 않았고
무슨 이유에서인지

무겁게만 느껴지고
어깨가 힘에 부치는
그 이유를 좀처럼
파악을 할 수가 없었다

이미 발을 들여 놓았고
현재 두 손을 놓는
포기는 이르다

많은 긴 시간을
할애하긴 했지만
고민과 해야 할
시간에 대해서

습관적인 행동이
몸에 배서
노력만 할 뿐이다

이미 두 번째 줄을
쌓아두고 있다
아직 시작하지
못한 일과 별반
차이를 두지 못했다

장벽을 만들 필요는
꼭 없는데
생각지도 않은 일이
넘쳐 나기만 한다

세 번째 다가오는
그 시간은 두렵고도
황당한 시간
헷갈린다
순서를 막 혼동하고 있다

생소한 모습과
정교한 동작에
따라 하기가 무척 버겁다

네 번째 쌓아가는 줄은
무게 중심의 나열이다
곧
마음의 무게는 천근만근이다

많은 고민이
단단한 돌처럼
굳어져서
무거운 마음으로 구름이 되어
바닥에 깔렸다

지금 이 시간부터
쌓아가는 단단한 각오는
시행착오를 수 없이
받아들이며

그 다음 줄을 쌓아 가기 위한
자신의 선택
굽힘 없는 내공을 쌓는 길로
가기를 바라면서.

안경

희멀그레한 사물들의
색들이 느껴진다
천정의 회색빛이
눈에 들어온다

주변의 책들이 꽂혀 있는
색들도 희미하게 말이야
눈부시게 비치는
햇살의 밝음도
느낄 수 가 있다 분명

숨을 쉴 수는 있지만
정확하게 볼 수는 없지
당연히 색은 구분할
수가 있으나 선명하지 않다

상대가 누구인지
알 수조차도 없다

단지 감각으로
외형으로 누구일 것이라는
추측을 할 뿐

불편한 게 한 두 가지가
아닌 걸 이정표든 글씨든
길이든 뭐든
제대로 볼 수가 없는 걸

헛 발질하지 않고
넘어지지 않으려면
바닥을 조심스레
발을 더듬어야 한다

안경을 썼다
잠시 사물들이 선명하게
보이긴 했다

전반적인 좁은 시야에
잡히는 사물들만

시선 처리가 보통 구십 도에서
백십도 정도가 정상
범위라고 한다면

이런
삼십오도 밖에 안되는
시선 처리는 웬 말
갑갑하고 행동이 아주 둔해

두꺼운 렌즈 사이로
보이는 세상은
확실히 선명하기는 해도
뭔가 불 안정해

하지만
그조차도 없다면
생활이
무척 괴롭고 힘들겠지
당연히 세상을
바로 볼 수가 없을 테니까.

리필

어제를 조금 빌려 쓰려고
했지만 단지 그 느낌만
잠시 가져오려고 했을 뿐
어제가 분명 아니었다
단연코

하지만
잠시 버는 시간은
역시 불안해
오늘 시간은 주어진 시간에
충실해야 하는 게 분명 맞지

시간에 따라
그 진한 느낌도 바뀌고
지금 내가 가지려는
그 시간의 느낌도
전혀 아닌 걸

단지 리필이 되는 건
집에서 먹는 밥과 반찬
콜라에 담긴 약간의 얼음
식당에서 제공하는 찬반들

실수를 만회할 수 있는
그런 시간과
추억을 다시 되돌릴 수 있는
그런 시간은
단연코 리필이 안되지.

예고 없는 흔적

짜릿하게 뒤틀리는
깊은 통증은
무 차별적으로
공격이 시작되었고
내부는 이미
내 말을 듣지 않는다

그 통증이 아주 오래전에
있었더라면 좋았을 것을
날벼락 같은
급작스런 통보가
너무 늦지 않은가

다행이라고 한다면
노력해서 가다듬은
실력으로
첫 출전으로
영광의 순간을 맞이했지

뜻하지 않은
그림자의 흔적으로
선명한 발자국이 새겨지고

많은 시간이 흐른 후에야
그 씁쓸한 자국이
희미해질 것이라고
말할 수 있을까

하지만
어쩔 수 없이
받아 들여야만 하는
순리이지만

모름지기 지워지지 않는
흔적들이 생겨나고
언젠가 두고 보면
생의 치열했던 추억들과

수 많은 노력들의
결과와 희망의 산물들이
선명하고 또렷하게
보여 질 테니.

시화(詩話)를 통한 자아의 투영

– 조혜순의 시 세계 –

김 송 배
(시인 · 한국문인협회 부이사장)

1. 자아 탐색과 동행을 위한 성찰

현대 시의 구조가 다양한 형태로 발현(發現)되고 있음은 현대라는 시대적인 복합적인 사회구조가 그만큼 다채로운 변형이 다량으로 형성되고 있기 때문일 것이다. 지금 실재

(實在)하는 모든 외적(外的)인 사물과 우리 가슴 깊은 심연(深淵)에 침잠(沈潛)해 있는 내적(內的)인 관념의 이미지들이 우리 인간들과 직접 간접으로 교착(交着)하면서 발발(勃發)하는 현상들은 어쩌면 인간들의 심리를 자극하거나 위기의식을 조장하는 사회적 병폐를 인지(認知)하지 않을 수 없는 현실을 우리 문학이 지향해야 할 중요한 관건(關鍵)이 될 것으로 믿는 것도 인성(人性)의 확고한 진실이 무엇인가 또는 어떤 것인가 하는 보편적인 사유(思惟)에 혼란을 야기하는 경우가 많음을 간과(看過)하지 못한다.

여기 조혜순 제2시집 『껍데기』의 원고를 살피면서 이러한 개념을 먼저 짚어보는 것은 그의 정서와 사유의 범주(範疇)에는 이러한 상상력의 충만을 확인할 수 있었다는 공감을 먼저 수용하면서 그가 작품 주제의 중심으로 투영하는 자아의 탐색과 성찰의 지향점을 이해할 수 있기 때문이다.

조혜순 시인은 자아(自我)와의 동행(同行)을 위해서 먼저 '하늘에게 물어보는' 대자연의 섭리를 살피고 있다. 다음과 같이 발현되고 있다.

하늘에게 물었다
더없이 높아 보이는
푸름은 숨통이 트이는데
두 발을 딛고 서 있는

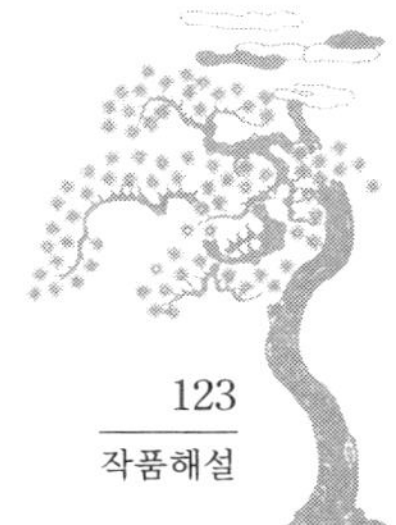

내 자리는 일렁이는
파도처럼 꿈틀거린다

세월을 몰고 다니는 운무와
현재를 밟고 있는
시간을 알게 하는 푸름은
내일을 알게 하는 하늘은
바라볼 수록 신비롭다

매일 보는 하늘이지만
시시때때로 바뀌며 지나가는
변검술 처럼 흔들리는
무극의 연극을 보고 있다

고개를 들어서
하늘의 흐름을 보면서
내가 원하는 가까운
미래에 살 수 있는
행복한 그림을 맘껏
스케치하고 있었다.

「푸른 창공에게」전문

조혜순 시인은 먼저 '시간을 알게 하는 푸름' 과 '내일을 알게 하는 하늘' 의 '신비' 에 심취하면서 '내가 원하는 가까운 / 미래에 살 수 있는 / 행복한 그림' 과 만나려는 미래에의 여망이 빛나고 있다.

그는 이러한 진실의 현장에서 그가 추출해낸 시 정신이나 시의 위의(威儀)를 위한 냉철한 그의 탐구에는 '내 자리는 일렁이는 / 파도처럼 꿈틀거' 리는 시적 상황에서 이미 이해할 수 있듯이 그의 내면에서 숙성(熟成)된 깊은 사색의 골짜기에는 이와 같은 자아와의 동행을 위한 성찰이 절실하게 요구되고 있다.

그가 '현재' 와 '내일' 을 대칭으로 해서 응시(凝視)하거나 관조(觀照)하는 저변(底邊)에는 '내' 라는 화자가 작품의 중심에서 주제를 창출하는 요소로 현현되기 때문에 그가 집착하는 성찰이 과거에서 현재로 현재에서 미래로 시간성과도 동행하는 그의 심중(心中)을 이해할 수 있게 한다.

조혜순 시인은 다시 작품「그림자」에서도 '난 / 항상 조심스럽고 / 내 실수엔 왠지 모를 / 조급증이 생겨났거든' 이라든지 '나의 발걸음은 / 분신과 동행이 있어 / 즐거울 뿐이지' 라는 어조(語調-tone)에서 이해할 수 있듯이 그의 가장 가까운 분신인 '그림자' 와의 화해(和解)는 바로 동행의 의미를 확대하고 있어서 우리들과의 공감 영역을 상승시키고 있다.

또한 그는 '몇 해를 지나온 후에 / 비로소 그 검은 그림자가 말하고 있는 사실을 / 나는 결국 깨닫게 되었지(「이성이 아닌 그림자」중에서)' 라는 자아를 깊게 인식하는 단계에서 이 현실과 괴리(乖離)된 실재를 이해하게 되는 그의 심리적인 변환(變換)을 엿보게 한다.

그리고 그는 '내가 싫어하는 현재의 이 길을 / 다른 이에게 전과시키는 일은 / 추호도 하지 않을 것이다(「자신의 보금자리」중에서)' 와 같이 그의 시적 원류인 자아와의 동행은 이렇게 현실적인 난관(難關)이 도처에서 도사리고 있음을 알 수 있게 한다.

2. 나와 너, 통섭(通涉)의 진실

조혜순 시인은 화자(話者-persona) '나' 와 '너' 에 대한 심리적인 집착을 확인할 수 있는데 실재의 '나' 와 이상향의 '너' 를 통해서 고차원적인 가치관을 창출하려는 욕구가 그의 내면에서 새로운 '나' 의 탐구를 위한 시적 정황(情況-situaton)으로 작품을 형상화하고 있다.

심장이 미친 듯이
널 향해 울부짖고

하염없이 떨고만 있구나

그런데
너는 한 치의 오차와 미동도 없이
돌하르방처럼 온종일 웃고
서 있기만 하고
내 맘을 흔들고만 있는 거니

「진정 나를 너는」중에서

내 공간의 방에서
깊은 파동을 일으키며
동선의 반경을
온통 사로잡고 있는

공간 예술의 장을 창출케 하고
심오한 에너지를 발산하며
너의 존재 가치를
심어주는 동기 부여가
되게 하는 네 목소리는

시냇물이 흘러가는
소박한 춤사위 같은
작은 감동의 물결을 만들며

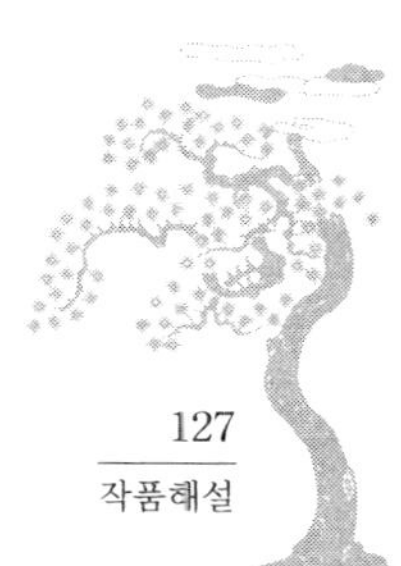

잔잔한 음향으로 다가온다

「너를 보고 있노라면」중에서

그렇다. 이 두 작품에서 시적 구도의 특이한 것은 '나' 와 '너' 에 대한 화자의 정면 교감이다. '나를 조금이라도 / 생각하고 있다면 / 날 조금이라도 잠시만 / 바라봐 줄 수 없겠니' 라는 간절한 어조로 상황 도입부문에서부터 우리들의 심금(心琴)을 흡인(吸引)하고 있어서 그가 소망하고 기원하는 '나' 와 '너' 가 통섭하는 진실의 현장으로 안내하고 있다.

또한 '어떻게 하면 네가 / 날 평생 바라보며 / 살게 할 수가 있는 거니 / 도저히 열쇠가 없는 거냐구' 라거나 '너는 한 치의 오차와 미동도 없이 / 돌하르방처럼 왠 종일 웃고 / 서 있기만 하고 / 내 맘을 흔들고만 있는 거니' 라는 어조와 같이 상대인 '너' 는 '나' 의 분신이거나 그림자처럼 따라다니면서 일일이 '나' 와의 동격(同格)이면서도 이질적인 현상으로 '나' 와 대화하는 시법이 특이한 정감으로 다가오고 있다.

여기에서 우리는 그가 '너는 한 치의 오차와 미동도 없이' 그냥 웃고만 서있으나 '내맘을 흔들고만 있' 으니 그가 지향하거나 여망하는 이상향의 세계에서 교감하는 메시지는 자못 상당한 상상력으로 그에게 내재(內在)한 지적 가치관을 이해해야 하는 난점이 따르기도 할 것이다.

이는 그가 구사하는 시화(詩話-talk on poetry)에서 '나' 와 대칭하는 '너' 의 정체성에 관한 의문이다. '너' 는 바로 '나' 의 이상형적인 기치관의 창조를 위한 한 편의 드라마 같은 배경에 지나지 않는다고 할지라도 '너' 에게 집착하는 언술이나 '너' 에게 보내는 메시지는 '너의 존재 가치를 / 심어주는 동기 부여가 / 되게 하는 네 목소리' 의 울림이 예사롭지 않다는데 우리들의 초점이 맞춰지고 있다.

이것은 보편적인 담론(談論)이 아니라, 한 시인이 간직한 의식(consciousmess)에서 상상력과의 복합적인 교합(交合)이나 상호 정감의 분배로 시적인 근원이 형성되는 특수한 시법을 조혜순 시인은 구상하고 있다고 짐작된다.

그가 표방(標榜)하는 소재에서도 '너를 보고 있으면' 이나 '진정한 나를 너는' 그리고 '웃고 있는 당신을' 등등으로 실질적인 현재의 시점(視點)으로 탐색하거나 작품 내용에서 화자로 상황을 극대화하는 경향을 읽을 수 가 있다.

그는 작품「보이는 건 모두」중에서 '네가 바라는 것이든 / 내가 바라는 것이든 / 얼마든지 공간 예술이 / 생겨날 수 있는 / 공간이 되는 거지' 라든가 작품「마라톤」중에서도 '언젠가 너와 나는 / 경주 아닌 경주를 / 하기로 했었지 / 누가 먼저 / 고지에 설 수 있는가를' , 그리고 '오늘도 나는 / 내 인생의 경기장에서 / 부지런히 스타트만 하고 있는지를 / 너도 알기나 하는지를.' 등과 같이 '나' 와 '너' 사이에는 항상 회의적(懷疑的)인 대화로 문제의 해법을 탐색하고 있다.

조혜순 시인이 구가하는 또 하나의 특징은 이러한 시점을 중시하는데 이 시간성은 그와 동시에 특이한 화법으로 동행하고 있다. 이는 어쩔 수 없이 통섭을 전제로 하는 보편적인 개념의 상념(想念)을 크게 이탈하지는 않는다. 가령 '다져왔던 시간들의 각오로 / 최선을 다하는 오늘 / 내가 품는 이 시간에서 / 온 몸의 활개를 맘껏 펼치며 / 내가 가진 날개를 펴는 / 이 귀한 시간에서 보내는 / 축복의 날을 충실하려 한다.' 또는 '이제 / 오늘 이 시간을 / 기억하려고 한다 / 내가 여기에 서 있기 까지는.(이상「정상」중에서)' 과 같이 인식을 단정하는 소명의식을 피력하고 있다.

그는 유형(有形)의 화자 '나' 에서 무형(無形)의 화자 '너' 에게 통섭하려는 메시지가 시간성을 배제하지 못하는 상황들이 전개되고 있는데 '언제나 너의 혀는 / ㄷ콤하게 내게 해줄 것 같이 / 그 시간에서만 속삭이고 열정을 / 토하기만 했지(「잔」중에서)' 라는 어조와 같이 '나' 와 '너' 는 충돌하면서도 다시 화해의 여유를 제공하는 시법이 그의 심연에서 용암(鎔巖)처럼 분출(噴出)하고 있는 것이다.

3. 그리움과 체념의 시적 상관성

조혜순 시인은 시적 상황에서 위기의식을 내포(內包)하는 어조가 자주 보이는데 이는 현실적인 삶이나 생활에서 추출한 '숨이 막혀서 / 머리가 터질 것만 같아서 / 심장이 / 비참하게 울부 짖는다(「비명」중에서)' 라는 처절한 어조에서 나아가 어떤 기다림에 대한 이미지도 발산(發散)하고 있다.

그것은 '기다렸던 너의 / 진한 오늘의 감동은 / 푸근한 젖 가슴에 / 얼굴을 묻고 / 해 맑게 웃고 있는 네 모습은 / 어느 꽃보다도 / 예쁜 향기가 / 내 품에서 감돌고.(「해마다 내가 맞이하는 그 날에는 당신의 위대함을 생각한다」중에서)' 와 같은 기다림이 결국 다음과 같은 어조로 그리움과 체념의 상관성으로 나타나고 있다.

언제나
피를 토할 만큼
버거운 삶의 구토는
그리움의 울타리에서
불면증으로 달고 사는데

이 질긴 그리움은
가위로 자를 수 도 없고

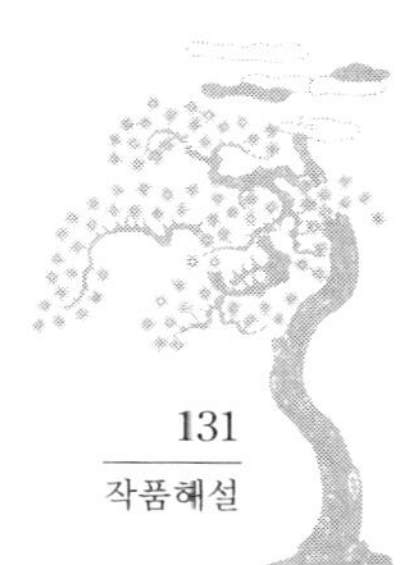

쉼 없이 심장에서
자라기만 하고

「체념」중에서

못내 아쉬워하는
붉은 눈물을
한없이 토하고
산 끝자락을 길게
붙잡고 만다

하늘은 그리움만 더한
까만 밤을
속히 불러들이려고
기어이 별들을
총총 박아 두기
시작한다.

「발악」중에서

보라. 조혜순 시인은 '손끝이 미치도록 / 떨릴만큼 / 네가 그립다' 는 상황을 설정하고 그가 '머릿속은 어지러운 /

다람쥐 쳇바퀴가 / 쉬지 않고 쓰나미처럼 / 네가 일렁인다' 는 그리움의 진원지를 알려주고 있다.

이러한 그의 시적 진실은 '언제나 / 피를 토할 만큼 / 버거운 삶의 구토' 이거나 '불면증' 으로 발현되고 있다. 이는 그가 여기에서 실감(實感)하는 '못내 아쉬워하는 / 붉은 눈물' 과 '까만 밤' 에 '기어이 별들을 / 총총 박아 두' 는 현상으로 그의 그리움은 형상화하고 있다.

또한 작품「컵」중에서도 '컵 속의 수많은 사연들은 / 그리움으로 온 세상을 / 도배하고 있다' 는 이미지의 승화는 대체로 보편적인 상념이 조혜순 시인의 지적 혜안(慧眼)에서 여과(濾過)된 그의 진실임을 엿볼 수 있을 것이다.

이처럼 그리움을 간직하고 있다는 것은 행복한 일인지도 모른다. 누군가의 말대로 사랑이란 우리들의 영혼의 가장 순수한 부분이 미지의 것에 향하여 갖는 상스러운 그리움이라고 했다. 그렇다면 조혜순 시인이 간직한 그리움과 체념의 진원지는 어디인가. 그가 추적하는 '버거운 삶의 구토' 나 '불면증' 그리고 '붉은 눈물' 과 '까만 밤' 이 포괄하는 이미지의 종합이 그의 그리움이다.

이러한 관념적인 무형의 시적 구도가 심도(深度) 있게 적시(摘示)하는 그의 심적 내면에는 그의 삶에 관한 궤적(軌跡)과 동시에 유발(誘發)된 인생적 혹은 시적인 동기(動機)가 되었음을 짐작할 수 있을 것이다.

조혜순 시인이 갈망(渴望)하는 그리움과 체념은 '나' 와

'너' 의 분리될 수 없는 실존(實存)과 이상(理想)의 연결매체로서의 간절한 심리적인 지향점이 시적으로 분사(噴射)되고 있음에 우리들은 주목하게 된다.

4. 실생활과 시간의 접맥, 그 화해

조혜순 시인에게서 또 하나의 시적 함축(含蓄-comprehend)은 현실 생활(real life)과 시간의 화해를 염원하고 있다는 점이다. 그러나 그의 작품에서 일별할 수 있는 중요한 사실은 그가 간직한 정서의 사념(思念)과 차이를 느끼고 있음에 주목하게 된다.

그의 작품에서 시제(時制)는 그 상황이나 구도에 따라서 일정하지 않다는 점을 알 수 있는데 이 시제는 과거와 현재, 미래의 기본적인 구도에서 그 시점(視點)과 일치하는 경향으로 현대시가 유로(流路)하는 경우를 목격하게 되기도 한다.

시간적인 교차와
격차의 간격이
엄청 벌어져 있다
동행하기란 넘 벅차다
어쩌면 너는

그렇게 쉬운 약속을
혼자서
그럴싸하게 하고 있는 거니

경청하고 있는 나는
정말 바보같이
그것을 사실이라 믿고 있는
허수아비였구나
순수하게 다가가는
맘을 다치지 않게
내 마음에
귀를 열어 주면 안되겠니

여전히
내 입장은 무시한 채
나를 기억하지 않으려고 하는구나
평범한 베게라고 만 생각하고
머리를 쉬게 하는
위치로 살게 하더구나

얼마나 안타까운 일인지
넌 아마 모를 꺼야
자꾸 밀어내려 하고 있는 너는

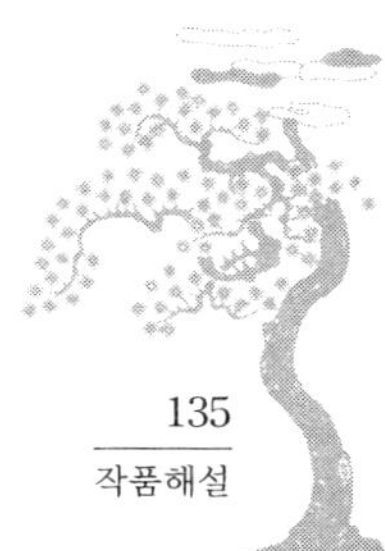

내 눈물조차 보려고 하지 않고
시선을 피하려고만 하다니.

이 작품「생각의 차이」전문에서 알 수 있듯이 '나' 와 '너' 의 시화는 계속되고 있다. 작품의 도입부분에서 보듯이 '시간적인 교차와 / 격차의 간격이 / 엄청 벌어져 있' 어서 '동행하기란 넘 벅차다' 는 언술에서 그 차이를 확인하게 된다.

이러한 대화 형식의 작품에서 '그럴싸하게 하고 있는거니' 나 '귀를 열어주면 안되겠니' ,라는 등의 어조는 그가 감도(感度) 높게 절규하는 '시간적인 교차' 에 대한 상대(너)에게 단정적인 해법을 묻고 있는 정황에서 어떤 성찰의 이미지로 '머리를 쉬게 하는 / 위치로 살게 하더구나' 또는 '얼마나 안타까운 일이지 / 넌 아마 모를꺼야' 등으로 '생각의 차이' 를 정리하고 있다.

그는 시간성에 관해서 시와의 연결을 많이 시도(試圖)하는 경향이 있는데 이는 시학(詩學)에서 말하는 과거도 아니고 현재도 아니고 또한 미래도 아닌 시간 감각을 명징(明澄)하게 나타내는 유형에 속하는 작품들이 많다. 이를 부정시제(不定時制)라고 한다. 무시간성(無時間性)이거나 시간의 공간화(空間化)라고도 하는 이 시간성은 진리라든가 이념, 또는 무의식의 세계나 영원 등을 동화시키는 본질

이 있다.

그가 작품「숨 쉬는 공간」에서도 '평온하게 자리하는 이 시간 / 오직 자신과 불빛이 / 공존하는 공기의 흐름을 / 감지하고 있다' 거나 작품「의자」에서는 '22시간을 / 오늘을 향해 열심히 뛰고 / 그 남은 시간을 / 내일을 향해 뛰는 / 남은 자투리의 황금 같은 시간을 / 할애하며 쉬는 시간에 --중략--// 행복하게 생각하는 / 오늘이 있어서 / 자신의 의자가 있음을 / 실감하고 있는데' 라는 등의 어조는 그가 시간에 대한 집념이 얼마나 강렬하게 현현되고 있는지를 짐작할 수 있다.

조혜순 시인의 작품 속의 시간 개념은 대체로 다음과 같이 적시되고 있다.

– 수많은 시간의 곡예를 한 후에 / 오아시스의 환희를 / 깨닫고 마는 것을(「가시」중에서)

– 유별나지 않은 / 그저 평범한 내용이지만 / 언제나 끄덕이는 이 시간만큼은(「분명」중에서)

– 거친 피뢰침이 / 빛을 발하는 이 시간 / 터질듯한 전율은 / 온 지상을 떠받들고 있는 / 어깨에 힘을 실었다(「정상」중에서)

– 진실이 눈치 채게되는 / 그 시간이 임박하면 / 이미 / 눈부시게 성장해버린(「어디까지나 진실이란 건 말야」중에서)

– 세 번째 다가오는 / 그 시간은 두렵고도 / 황당한 시간들 / 햇갈린다 순서를 막 / 혼동하고 있다.(「벽돌」중에서)

– 하지만 / 잠시 버는 시간은 / 역시 불안해 / 오늘 시간은 주어진 시간에게 / 충실해야 하는 게 분명 맞지(「리필」중에서)

이러한 조혜순 시인의 시간성은 그가 현실과 화해하는 과정에서 그가 탐색하는 시적 진실을 구명(究明)하려는 의욕으로 유추할 수 있다. 그는 다양한 형태의 시간성을 대입(代入)함으로써 우리들의 실생활에서 낙후(落後)하거나 소외되는 진실들이 그의 시적 원류에서 용틀임하고 있음을 이해할 수 있다.

이제 조혜순 제2시집 『껍데기』에 대한 전체적 마무리가 필요하다. 그는 자아를 탐색하면서 자아와의 동행을 위한 성찰을 인식하고 다음에는 '나' 와 '너' 의 통섭과 그 진실, 그리고 그리움과 체념의 상관성을 구명하고 마지막으로 실생활과 시간의 접맥(接脈)을 통한 화해의 한 방안을 탐색하는 것으로 요약할 수 있을 것이다.

그러나 그가 끝까지 추구하는 '나' 와 '너' 에 대한 정체는 불확실한 예감과 미지의 환상세계에서 미확인의 시화가 남아 있는 여백이 있다는 점을 중시하게 된다. 아마도 '나' 는 현실적인 실재의 '나' 이며 '너' 는 나의 분신이거나 혹은 '그림자'로서 충직(忠直)한 대화자의 반려(伴侶)로 그 이미지나 상징성이 부각(浮刻)되는 현상을 목도(目睹)하게 된다.

이러한 현상은 '자신이 보고 있는 / 맘에 따라 그 정도의 / 차이가 결정되며 닫혀 있는 문이 / 서서히 열리기 시작했다(「마음」중에서)' 거나 '언제나 반대편에서 / 보고 있는 세상은 / 환상적으로 내게 다가왔지(「투영」중에서)', 그리고 '아참 / 뭘 그리 염탐을 하냐구 / 당신이나 나나(「파수꾼」중에서)' 등등과 같이 그의 심연에는 도출되지 않는 그만의 진정한 진실을 '너'라는 대상을 통해서 분출하는 시법을 구사하고 있다.

이는 어쩌면 자신의 '그림자'가 아닌 영혼과의 대화인지도 모른다. 일찍이 호라티우스가 그의「시론(詩論)」에서 말했듯이 시는 아름답기만 해서는 모자란다고 했다. 사람의 마음을 뒤흔들 필요가 있고 듣는 이의 영혼을 뜻대로 이끌어 나가야 한다는 말과 같이 조혜순 시인의 정서와 사유에는 언제나 동행하거나 통섭하려는 동일한 나의 존재를 정밀(精密)하게 탐색하고 있어서 앞으로 더욱 좋은 시를 창작할 것으로 예감한다. 시집 출간을 축하한다.

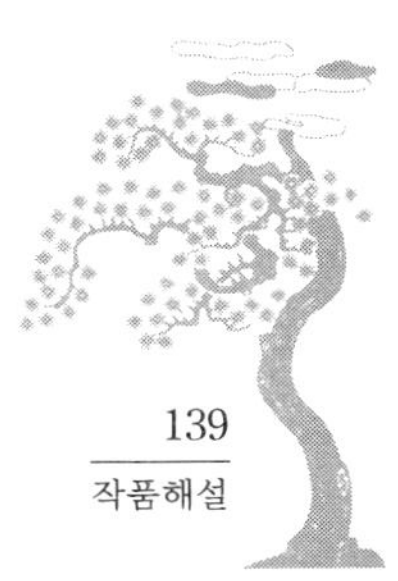

껍데기

초판 인쇄 2012년 11월 15일
초판 발행 2012년 11월 20일

지은이 : 조혜순
펴낸이 : 임수홍
편 집 : 이윤숙
디자인 : 맹신형
발행처 : 도서출판 국보
주 소 : 서울시 강동구 길동 395-3 2층
전 화 : (02) 476-2757~8, 7260
F A X : (02) 476-2759
카 페 : http://cafe.daum.net/lsh19577
E-mail : kbmh22@hanmail.net

값 10,000원

저자와의 협약에 의해 인지는 생략합니다.
이 시집의 글은 저작권법에 따라 보호를 받는 저작물이므로
저자와 출판사의 동의 없이는 무단 전재 및 무단 복제를 금합니다.

ISBN 978-89-93533-40-8 03800